AF145544

BEI GRIN MACHT SICH IHR WISSEN BEZAHLT

- Wir veröffentlichen Ihre Hausarbeit, Bachelor- und Masterarbeit

- Ihr eigenes eBook und Buch - weltweit in allen wichtigen Shops

- Verdienen Sie an jedem Verkauf

Jetzt bei www.GRIN.com hochladen und kostenlos publizieren

Bibliografische Information der Deutschen Nationalbibliothek:

Die Deutsche Bibliothek verzeichnet diese Publikation in der Deutschen National-
bibliografie; detaillierte bibliografische Daten sind im Internet über http://dnb.d-
nb.de/ abrufbar.

Impressum:

Copyright © 2013 GRIN Verlag, Open Publishing GmbH
Druck und Bindung: Books on Demand GmbH, Norderstedt Germany
ISBN: 978-3-656-90553-0

Dieses Buch bei GRIN:

http://www.grin.com/de/e-book/289066/die-besiedlung-brasiliens-indogene-ethnen-
und-sprachen

Matthias Nitsch

Die Besiedlung Brasiliens. Indogene Ethnen und Sprachen

GRIN Verlag

Die Besiedlung Brasiliens

Indogene Ethnen und Sprachen

Matthias Nitsch

Inhaltsverzeichnis

1 URSPRÜNGE DER BESIEDELUNG UND SPRACHENTWICKLUNG

Bei der Ankunft der Europäer in Brasilien im Jahre 1500 war der Kontinent nicht leer, sondern seit tausenden von Jahren vollständig besiedelt (Guidon 1992; Melatti 2007:17). Wann genau wie viele Völker über welche Route Amerika erreichten, ist seit langem umstritten. Angesichts neuer Erkenntnisse muss die aus den 1950er Jahren stammende Annahme, wonach nur eine Gruppe von Siedlern erst vor 12 000 Jahren über den Beringia-Landweg kam und die Clovis-Kultur begründete, überdacht werden. Vieles spricht indes dafür, dass bereits vor 70 000 Jahren mindestens zwei Völker auf unterschiedlichen Wegen einwanderten (Guidon 1992:37ff.). Archäologische Funde aus Südamerika, insbesondere Brasilien, scheinen dies zu belegen. Sie deuten auf eine 60 000 Jahre alte menschliche Präsenz im Bundesstaat Piauí hin.[1] Eine Besiedelung des südlichen Minas Gerais erfolgte vor ca. 30 000 Jahren (Guidon 1992:41).

Eine herausragende Rolle in der neuesten Forschung spielt „Luzia", das älteste Skelett beider Amerikas. Sie wurde bei Lagoa Santa in Minas Gerais entdeckt und wird den ersten Einwanderern, den Paläoindianern, zugerechnet. Luzia konnte auf ein Alter von 11 000 bis 11 500 Jahren datiert werden und weist im Gegensatz zu heutigen südamerikanischen Indigenen mongoloiden Typs eine australo-melanesische Schädelmorphologie auf. Dies bestätigt die Annahme, dass Amerika nacheinander von mindestens zwei unterschiedlichen Völkern besiedelt worden ist (Neves/Hubbe 2004:56-60; Neves/Piló 2008).

Durch Luzia konnte erstmals eine Verbindung zwischen den prähistorischen Kulturen der Paläoindianer zu den Indigenen der Neuzeit nachgewiesen werden, was lange als schwierig galt (Guidon 1992:52). Neueste kraniometrische und genetische Untersuchungen belegen, dass Luzia und ihre Artgenossen direkte Vorfahren der Botokuden waren (Neves/Atui 2004; Neves/Piló 2008; Gonçalves et. al. 2010). Bereits im Jahr 1876 hatten Lacerda/Peixoto sowie im Jahr 1887 Ehrenreich ähnliche Vermutungen angestellt:

> Wir sind, wie ich glaube, wohl berechtigt, die alten Höhlenmenschen des Centrums der Provinz Minas als die direkten Vorfahren unserer heutigen Botocuden im östlichen Theile dieser Provinz zu betrachten. [...] Die Lagoasanta-Menschen [...] repräsentieren das Urvolk, von dem Botocuden und heutige Gēs sich abgezweigt haben. (Ehrenreich 1887:80f.)

---

[1] Diese Datierung ist allerdings umstritten. Siehe dazu Melatti (2007:18f.).

Die zeitlichen, geographischen und ethnologischen Umstände der Besiedelung Südamerikas beeinflussten erheblich die Sprachentwicklung und -differenzierung auf diesem Kontinent. Er liegt isoliert zwischen den größten Ozeanen der Welt und der schmale Zugang über den Isthmus von Panama erlaubte kaum Rückwanderungen. Verbunden mit der frühen Besiedelung durch mehrere Ethnien trug dies zur Herausbildung von Sprachen mit einzigartigen Merkmalen und besonderer Bedeutung für die sprachwissenschaftliche Theoriebildung bei (Rodrigues 1993:85-88).

> Embora todas as línguas apresentem grande quantidade de fatos triviais para o conhecimento já acumulado pela ciência lingüística, cada língua indígena sul-americana pode apresentar fenômenos ainda desconhecidos, seja na fonologia, seja na gramática ou seja na organização do discurso. (Rodrigues 1993:85f.)

Die Vielfalt und Einzigartigkeit indigener brasilianischer Sprachen ist sowohl unter typologischen als auch unter genetischen Gesichtspunkten beachtlich. Was die Klassifikation von Sprachen aufgrund struktureller Eigenschaften angeht, existieren z.b. analytische oder polysynthetische Sprachen mit Merkmalen, die nur auf dem amerikanischen Kontinent zu finden sind. Es haben sich sowohl Sprachen mit einem außerordentlich reichen als auch extrem reduzierten Phoneminventar herausgebildet. Unter anderem treten auch verschiedene Typen von Tonsprachen auf, oder Sprachen, die zwischen einer *fala masculina* und *fala feminina* unterscheiden (Seki 2000a:240-245; Rodrigues 2001, 2002).

Die Botokudensprache ist eine der am spärlichsten erforschten aber zugleich eine der am stärksten vom Aussterben bedrohten Sprachen Brasiliens. Das Wenige, was wir über die Botokudensprache wissen, ist jedoch umso bedeutsamer. Lautlich gesehen verfügt sie z.B. über die stimmlosen Nasalkonsonanten [m̥ n̥ ɲ̊ ŋ̊], die weltweit selten auftreten (Ladefoged/Maddieson 1996:106-116; Seki 2008:125f.; Pessoa 2012:91-102).

Was die Klassifikation von Sprachen aufgrund von Ähnlichkeiten durch die Abstammung von einer gemeinsamen Ursprache angeht, lassen sich die noch lebenden 150-180 indigenen brasilianischen Sprachen zu etwa 40 Sprachfamilien gruppieren. Davon können wiederum jeweils 10 zu zwei noch größeren genealogischen Einheiten, den Sprachstämmen Tupí und Macro-Jê, zusammengefasst werden (Rodrigues 1993, 1999, 2001, 2002; Moore et al. 2008; Ribeiro 2006, 2010). Die Botokudensprache gehört der gleichnamigen Sprachfamilie an, die ihrerseits dem Macro-Jê Stamm zugerechet werden kann.

2 DIE ERFORSCHUNG INDIGENER BRASILIANISCHER SPRACHEN

Die Erforschung indigener brasilianischer Sprachen lässt sich grob in fünf Phasen unterteilen. Auf jede einzelne Phase und ihre typischen Merkmale soll im Folgenden kurz eingegangen werden.[2] Alle Forschungsbemühungen werden durch die Tatsache erschwert, das sämtliche indigenen Ethnien Südamerikas schriftlose Kulturen waren.

Die erste Phase der Erforschung indigener Sprachen begann Mitte des 16. Jahrhunderts mit dem Studium durch europäische Missionare und dauerte etwa 250 Jahre an. Sie ist durch eine Reihe von Problemen gekennzeichnet. Alle Sprachen auf die die Europäer zuerst trafen, waren Tupí-Guaraní Sprachen der brasilianischen Küste. Dies verleitete die Missionare zu Generalisierungen und Fehleinschätzungen, die zur Verfestigung des Gegensatzes „Tupí vs. Tapúya" und zur sogenannten „Hypervalorisation des Tupí" führten[3] (Câmara Jr. 1965:99-112). Außerdem waren die Missionare weniger an der Sprache an sich interessiert, als vielmehr an der „spirituellen Eroberung" der Indigenen. Nicht zuletzt scheiterten die Ordensleute oft an den völlig unbekannten Strukturen der indigenen Sprachen. Diese versuchten sie anhand der ihnen vertrauten griechischen oder lateinischen Kategorien zu analysieren, was meist zu unzulässigen Deformationen führte. Dennoch verdanken wir den Missionaren wichtige Dokumente und sprachliche Entdeckungen aus den ersten drei Jahrhunderten der Kolonisation Brasiliens. Herausragende Beispiele sind die Tupí-Grammatiken der Jesuitenpadres José de Anchieta (1595) und Luis Figueira (1687) sowie die Grammatik und der Katechismus des Kipeá-Kiriri (Macro-Jê) von Padre Luis Vincencio Mamiani (1699; 1942 [1698]). Eine umfassende Studie zu portugiesischen Missionarsgrammatiken bietet Zwartjes (2011). Das intensive Studium des Tupí durch die Missionare sollte später in Gestalt der „filologia tupí" durch brasilianische Gelehrte fortgesetzt werden (Câmara Jr. 1965:105-112).

---

[2] Dieser Versuch einer Periodisierung ist keinesfalls exhaustiv oder endgültig. Je nach Forschungsperspektive und Gewichtung der einzelnen Akteure kann man auch zu einer anderen Einteilung gelangen. Außerdem lassen sich die Phasen nicht immer klar voneinander trennen, sondern überlappen teilweise.

[3] Als Tapy?yia, ‚Barbar, Fremder' (> Tapúya) bezeichneten die Tupí-sprachigen Ethnien der brasilianischen Küste ihre nicht Tupí-sprachigen Feinde. Dies betraf hauptsächlich die Bewohner des Landesinneren, wie z.B. die Botokuden, die sich nicht nur sprachlich sondern auch kulturell deutlich von den Tupí unterschieden (Ribeiro 2009:61). Die Missionare übernahmen diese Sichtweise. Sie hielten das Tupí für den Prototyp indigener Sprachen und würdigten alle anderen Sprachen als „anormal" herab (Câmara Jr. 1965:99f.; Wright/Carneiro da Cunha 1999:335).

Die zweite Phase der Erforschung indigener Sprachen setzt zu Beginn des 19. Jahrhunderts ein. Zu dieser Zeit erfuhr die Kolonie Brasilien im Zuge der Übersiedelung des portugiesischen Königshofes eine politische und kulturelle Öffnung. Nun wurde auch europäischen Reisenden und Naturforschern der Zugang ins Land gestattet, der beispielsweise Alexander von Humboldt noch kurz zuvor, im Jahre 1800, verwehrt geblieben war. Während die ersten Missionare ihre Forschungen auf die Sprachen an der Küste beschränkt hatten, drangen die Naturalisten nun tief ins Landesinnere vor. In ihren Reiseberichten finden sich meist Aufzeichnungen verschiedener indigener Sprachen. Jedoch war dieses Material von geringer Qualität und Quantität. Es handelte sich um lose Wortlisten, die auf impressionistische Art und Weise angefertigt wurden. Dies geschah ausgehend von der Muttersprache eines jeden Forschers und unter Zuhilfenahme anderer ihm bekannter europäischer Sprachen. Außerdem erfolgte die Beschäftigung mit der indigenen Sprache oft nur nebenbei und rückte gegenüber den eigentlichen Interessen oder Aufträgen der meist in Botanik, Zoologie, Geologie oder Medizin ausgebildeten Reisenden in den Hintergrund. Insgesamt waren die Forschungen dieser Gruppe wenig systematisch und entbehrten jeglicher grammatischer Interpretation. Dennoch sind sie heute oft die einzigen Quellen zu bereits ausgestorbenen indigenen Sprachen. Typische Vertreter dieser zweiten Phase waren z.B. der französische Botaniker Auguste de Saint-Hilaire (1779-1853), der österreichische Botaniker, Mineraloge und Mediziner Johann Emanuel Pohl (1782-1834) und der deutsche Geologe Wilhelm Ludwig von Eschwege (1777-1855).[4] Herausragende Ausnahmen unter den Brasilienreisenden dieser Zeit sind mit Abstand Maximilian Prinz zu Wied-Neuwied (1782-1867) und Carl Friedrich Philipp von Martius (1794-1868). Sie ähneln bereits den Forschern des „ethnologischen Typs" der nächsten Phase, waren also ihrer Zeit weit voraus. Noch heute besitzen ihre Werke über die Indigenen und indigenen Sprachen bleibende Gültigkeit. In den Reisebeschreibungen aller hier genannten Personen finden sich auch Berichte über die Botokuden.

Die dritte Phase der Erforschung indigener brasilianischer Sprachen fällt in die Zeit der Wende vom 19. ins 20. Jahrhundert. Es ist zugleich die Geburtsstunde der Ethnologie in Brasilien. Wegbereiter dieser äußerst produktiven Ära sind v.a. deutsche Forscher wie Karl von den Steinen (1855–1929), Theodor Koch-Grünberg (1872–1924), Paul Ehrenreich (1855–

---

[4] Eine ausführliche und kommentierte Liste von Reisenden und Entdeckern, die Kontakt zu brasilianischen Indigenen hatten, bietet in chronologischer Reihenfolge John Hemming (1995:465-491).

1914) und Curt Unckel Nimuendajú (1883–1945). Nie zuvor wurden in der Geschichte Brasiliens indigene Ethnien so intensiv und mit solch geballter Expertise erforscht wie zu dieser Zeit (Drude 2005). Im Zentrum des Interesses standen die Kulturen als Ganzes, einschließlich der Sprache. Câmara Jr. sieht in dieser Einheit von ethnologischer und linguistischer Forschung aber auch ein Problem:

> A maior crítica, porém, que se pode fazer a todos êsses estudos lingüísticos, como complemento dos etnológicos, é que a língua é aí sempre vista de maneira subsidiária e não essencial. Procura-se a comunicação com os nativos; procura-se estudar a língua como elemento cultural, e procura-se estudá-la para melhor autenticação dos dados etnológicos, geográficos e físicos. (Câmara Jr. 1965:124)

Nichtsdestotrotz besitzen die Sprachstudien dieser Ethnologen eine bis dato unerreichte Qualität. Erstmals war mit Koch-Grünberg auch ein ausgebildeter Philologe unter den Forschern. Und auch die Arbeiten seiner Landsleute sind in ihrem Wert für die indigene Sprachwissenschaft bis heute unumstritten. Lucy Seki hält u.a. die Bakairí-Grammatik von den Steinens (1892) für aussagekräftiger als manche Studien zeitgenössischer Autoren (2000a:236). Für die hier vorliegende Arbeit sind insbesondere die Werke Ehrenreichs über die Botokuden von Bedeutung (1887; 1896). In dieser Arbeit finden die darin enthaltenen ethnologischen und linguistischen Beschreibungen Verwendung. Im Rahmen eines wissenschaftlichen Forschungsprojekts wirkt der Autor an der Übersetzung Ehrenreichs ins Portugiesische mit.

Die vierte Phase wird im Jahre 1934 mit José Oiticicas paradigmatischem Aufsatz *Do método no estudo das línguas sulamericanas* eingeleitet. Darin fordert er die systematische Dokumentation der indigenen brasilianischen Sprachen und ihre Erforschung mit rein sprachwissenschaftlichen Methoden. Bis dato war die gesamte Disziplin der Sprachwissenschaft an brasilianischen Universitäten inexistent. Sie beginnt sich erst langsam mit der Berufung Joaquim Mattoso Câmara Júniors (1904-1970) als erstem Professor für Linguistik im Jahre 1935 und der Veröffentlichung seiner Schriften zu formieren. Später finden sich darunter auch Beiträge speziell zur indigenen Sprachwissenschaft (Câmara Jr. 1959a-d; 1965). Weitere Pioniere dieser Phase sind Rosário Farani Mansur Guérios (1907-1987) und sein Schüler Aryon Dall'Igna Rodrigues (geb. 1925). Letzterer gilt heute als Nestor der indigenen brasilianischen Sprachwissenschaft, der seit 1942 über 110 Arbeiten zum Thema veröffentlicht hat und noch immer aktiv ist (D'angelis 2006). Lucy Seki vertritt die Ansicht, dass sich die Sprachwissenschaft in Brasilien institutionell erst in den 1960er Jahren an den Universitäten etablierte. Sie führt aus, dass das Studium der indigenen Sprachen durch brasilianische Wissenschaftler u.a. durch das Engagement des *Summer Institute of Linguistics (SIL)*[5], welches seit 1959 selbst im Land forscht, verzögert worden sei (Seki 1999:262-266; 2000a:237).

Die fünfte Phase setzt in den 1970er und 1980er Jahren ein und dauert bis heute an. Nunmehr erfährt die indigene brasilianische Sprachwissenschaft einen Entwicklungsschub, der sowohl die Lehre als auch die Forschung betrifft. Sie ist gekennzeichnet durch den wachsenden Anteil an brasilianischen Wissenschaftlern und die stetig steigende Anzahl an untersuchten indigenen Sprachen. Jetzt entstehen auch die ersten linguistischen Arbeiten zum Krenák, der letzten überlebenden Subgruppe der Botokuden (Seki 1984, 1985; Silva 1983, 1986, 1987). Im Jahre 1991 werden insgesamt 59 indigene Sprachen von brasilianischen Wissenschaftlern untersucht, was eine Steigerung von 36 % gegenüber 1985 bedeutet. Dieser Wert steigt bis 1998 noch einmal auf 80 Sprachen an. Zur gleichen Zeit werden etwa 30 Sprachen vom SIL beforscht (Seki 1999:271f.). Diese Zahlen dürfen jedoch nicht darüber hinwegtäuschen, dass ein großer Teil der überlebenden 150-180 indigenen brasilianischen Sprachen von der Forschung völlig unbeachtet bleibt. Außerdem sind fast alle diese Studien auf wenige Teilaspekte der Sprachen begrenzt und von sehr unterschiedlicher Qualität. Erst im Jahre 2000 erscheint mit Lucy Sekis Werk zum Kamaiurá (2000b) die erste durch eine Brasilianerin verfasste, ausführliche Grammatik einer indigenen Sprache seit Anchietas Beschreibung des Tupinambá von 1595!

Allgemein hat sich die Forschungssituation in den letzten 20 Jahren deutlich verbessert. In Brasilien beteiligen sich nun mehr als zehn Universitäten und Institution aktiv am Studium und Schutz indigener Sprachen (Seki 1999:273-288). Im Jahre 2005 wird dem indigenen Nanblá Gakran der Ethnie Laklãnõ (Xokléng, Jê) an der Landesuniversität von Campinas der erste Masterabschluss in Linguistik verliehen. Zurzeit arbeitet er an der Universität von Brasília an seiner Dissertation zur Lexikographie seiner Muttersprache. Vielleicht ist er der Begründer einer neuen Phase der Erforschung indigener brasilianischer Sprachen.

---

[5] Das SIL ist eine glaubensbasierte Nichtregierungsorganisation mit Hauptsitz in den USA. Ihr Ziel ist es u.a. Minderheitensprachen zu erforschen. Online unter: http://www.sil.org/about-sil [07.06.2013].

3 Die Vernichtung und heutige Situation indigener brasilianischer Sprachen

Den Ausgangspunkt dieses Kapitels bildet die Frage nach der ursprünglichen Anzahl indigener Sprachen in Brasilien. Anschließend wird ihre weitgehende Vernichtung thematisiert und zuletzt der aktuelle Status der überlebenden Sprachen erläutert.

Die genaue Anzahl der indigenen Sprachen zu beziffern, die bei der Ankunft der Europäer auf dem Gebiet Brasiliens gesprochen wurden, ist nahezu unmöglich. Für eine systematische Forschung in diesem Bereich liegen schlichtweg zu wenige Daten vor. Nach konservativen Kalkulationen Rodrigues' könnte sich ihre Anzahl aber auf 1 175 Sprachen belaufen haben (1993:88-93). Vermutlich waren es aber wesentlich mehr. Aussagen über die Zahl der indigenen Bevölkerung Brasiliens um 1500 sind ebenfalls vage und variieren stark. Der Anthropologe Julio Cezar Melatti stellt drei Schätzungen verschiedener Wissenschaftler vor, die etwa von 1,2 über 2,4 bis hin zu 4,3 Mio. Indigenen reichen (2007:43-47).

Seit dem 16. Jahrhundert ist das Aussterben indigener Sprachen in Brasilien ein andauernder Prozess. Verantwortlich dafür ist der Kollaps der indigenen Bevölkerung durch Kriege, Epidemien und Assimilationsprozesse (Moseley 2010:88).[6] Rodrigues betont, dass sich insbesondere die portugiesische Kolonisation zerstörerisch auf Sprachen und Ethnien ausgewirkt hat. Er weist darauf hin, dass ihr tödlicher Einfluss auch noch lange nach der Unabhängigkeit im Jahre 1822 anhielt und sich über die gesamte Kaiserzeit (1822-1889) und die Zeit der Republik (ab 1889) bis weit ins 20. Jahrhundert fortsetzte – je nach Zeitpunkt, Region und Intensität des fremden Einflusses (1993:93f.).[7] So starben allein 67 indigene Sprachen in der ersten Hälfte des 20. Jahrhunderts aus. Von 532 bis heute ausgestorbenen Sprachen wurde nur ihr Name überliefert. Viele sind einfach verschwunden, ohne dass man je von ihnen gehört hätte (Rodrigues 1993:94). Der Schwund so vieler Ethnien, Sprachen und vermutlich auch ganzer Sprachfamilien führte dazu, dass sich auf entsprechenden Karten regelrecht leere Gebiete auftun. Dies trifft v.a. auf das östliche Viertel des Landes und damit auch auf das traditionelle Stammesgebiet der Botokuden zu:

---

[6] Einen umfassenden Überblick zur Ausrottung der brasilianischen Indigenen bietet Hemming (1978; 1995). Speziell zur Vernichtung der Botokuden siehe Hemming (1995:351-448) und Langfur (2006).
[7] Betrachtet man die aktuellen Konflikte um indigenes Land, Rechte und Ressourcen, so hält der zerstörerische Einfluss auf indigene Ethnien und Sprachen noch immer an. Beispiele, die in letzter Zeit traurige Berühmtheit erlangten, sind die Auseinandersetzungen um das Reservat *Raposa Serra do Sol* und der Bau des drittgrößten Wasserkraftwerks der Welt, *Belo Monte* bei Altamira – Pará.

Se traçarmos uma linha imaginária de São Luís do Maranhão ao Norte até o Chuí ao Sul, a Leste dela temos uma área de pouco mais de 25% do território brasileiro, na qual se extinguiram praticamente todas as línguas indígenas. Essa é a área onde foi mais longo o processo colonizador. Aí só se falam hoje o Yatê (Fulniô) em Pernambuco, o Maxacali e o Krenak (mas este já moribundo) em Minas Gerais e o Xokléng em Santa Catarina. (Rodrigues 1993:95)

Die genaue Anzahl der heute noch verbliebenen Indigenen und indigenen Sprachen zu ermitteln, stellt die Wissenschaft vor große Herausforderungen. Es werden noch immer unbekannte Sprachen entdeckt oder man stößt auf Sprecher von bereits für Tod erklärten Sprachen. Umgekehrt können die letzten Sprecher einer Sprache sterben oder allmählich deren Gebrauch zu Gunsten einer anderen Sprache aufgeben. Zwei üblicherweise als eigenständig geführte Sprachen können sich als eng miteinander verwandte Varietäten ein und derselben Sprache herausstellen. Letzteres führt dazu, dass Moore et al. heute nur noch von 150, Rodrigues aber von 180 indigenen Sprachen in Brasilien ausgehen. Dies stellt je nach Autor einen Verlust von etwa 75-85 % der Sprachen in den letzten 500 Jahren dar (Moore et al. 2008:1f.; Rodrigues 1993:92). Im Jahre 2001 lag die Anzahl der indigenen Bevölkerung des Landes bei ungefähr 190 000, von denen aber etwa nur 160 000 indigene Sprachen sprechen (Rodrigues 2001).[8]

Sämtliche heute in Brasilien noch existierende indigene Sprachen fallen in die Kategorie der „bedrohten Sprachen", da selbst die beiden größten von ihnen, das Tikúna und das Guaraní-Kaiowá, nur noch über etwa 30 000 Sprecher verfügen. Mehr als 30 Sprachen gelten aufgrund ihrer geringen Sprecherzahlen als „ernsthaft gefährdet" bzw. „moribund", da sie, wie z.B. das Xipáia, Apiaká und Guarasú nur noch von einem bzw. zwei Menschen gesprochen werden. Verschärft wird die Situation dadurch, dass gerade die Sprachen, die am ehesten vom Aussterben betroffen sind, kaum erforscht wurden (Moore et al. 2008; Moseley 2010:89). Dies trifft auch für das Krenák zu, die Sprache der letzten überlebenden Subgruppe der Botokuden. Sie wurde bereits in der Vergangenheit mehrfach für tot erklärt, zuletzt von Melatti (2007:70-72). Im von der UNESCO herausgegebenen *Atlas of the World's Languages in Danger* (Moseley 2010:20f.) gilt das Krenák als "critically endangered", was der letzten von fünf Stufen der Bedrohung vor dem Aussterben entspricht. Moore et al. beziffern die Zahl der noch lebenden Indigenen der Ethnie Krenák auf 150 Personen,[9] darunter vermutlich nur acht Sprecher (2008:6). Laut Flávia Martin sprachen im Jahre 2009 noch 9 Personen, die

---

[8] Abweichend hiervon bezeichneten sich anlässlich des vom Brasilianischen Institut für Geographie und Statistik (IBGE) im Jahre 2010 durchgeführten Zensus rund 818 000 Menschen selbst als Indigene (IBGE 2012:8).
[9] Abweichend hiervon gibt die Nationale Gesundheitsstiftung (FUNASA) die Zahl der Krenák im Jahre 2010 mit 350 Personen an (Ricardo/Ricardo 2011:12).

bereits alle über 50 Jahre alt waren, diese Sprache. Es handelte sich um Laurita, Maria Sônia, Deja, Eva, Júlia, Euclides, Gracinda, Jovelina und Antônio Jorge Krenák (2009).

Erst in den letzten Jahren hat sich in Brasilien ein Bewusstsein für bedrohte Sprachen und die dringende Notwendigkeit sie zu schützen und zu dokumentieren entwickelt. Das Aufgabenspektrum heutiger Linguisten umfasst u.a. die Analyse und den Vergleich indigener Sprachen, ihre Revitalisierung sowie die Rekonstruktion ihrer Geschichte und ihres Ursprungs sowie das Auffinden und Nutzbarmachen von Material bereits ausgestorbener Sprachen. Mehrere nationale und internationale Initiativen sind in diesem Zusammenhang erwähnenswert (Moseley 2010:89). Darunter auch das Projekt *Dokumentation bedrohter Sprachen (DoBeS)* der Volkswagenstiftung in Zusammenarbeit mit dem Max-Planck-Institut für Psycholinguistik in Nijmegen.[10]

Weitere Informationen zu diesem Thema finden Sie in: „Grundlagen für die Restitution von Swadesh's "basic vocabulary" im "Wörterbuch der Botokudensprache" von Matthias Nitsch. ISBN: 978-3-656-49590-1

http://www.grin.com/de/e-book/233225/

---

[10] Mehrere indigene brasilianische Sprachen wurden bereits durch diese Initiative dokumentiert und die Daten in digitalen Archiven gespeichert. Online unter: http://www.mpi.nl/dobes [07.06.2013].

11

LITERATURVERZEICHNIS (INKLUSIVE WEITERFÜHRENDER LITERATUR)

Almanak Laemmert (1911): Annuario Administrativo, Agricola, Profissional, Mercantil e Industrial dos Estados Unidos do Brasil e indicador para 1911-1912. Obra estatística e de consulta, fundada em 1844 por Eduardo von Laemmert (68, 1). Rio de Janeiro: Officinas Typographicas do Almanak Laemmert.

Anchieta, José de (1595): Arte de Grammatica da Lingua Mais Usada na Costa do Brasil. Coimbra: Antonio Mariz.

Anders, Ferdinand (1967): Wort- und Sachregister zu Eduard Seler. Gesammelte Abhandlungen zur Amerikanischen Sprach- und Altertumskunde. Graz/Austria: Akademische Druck- und Verlagsanstalt.

Anonym (1882): Vocabulario dos Botocudos da provincia de Minas Geraes, tribus Pogichá, Aranãa e Potão. In: *Revista da Exposição Anthropologica Brazileira*, S. 13.

Araújo, Benedita Aparecida Chavedar (1992): Análise do Wörterbuch der Botokudensprache. Diss. de mestrado. Universidade Estadual de Campinas, Campinas. Departamento de Lingüística do Instituto de Estudos da Linguagem. Online verfügbar unter http://cutter.unicamp.br/document/?code=vtls000038507, zuletzt geprüft am 07.06.2013.

Assis, Machado de (1881): Memorias posthumas de Bras Cubas. Rio de Janeiro: Typographia Nacional.

Auszug aus dem Taufregister der Evangelische Kirchengemeinde Paplitz (Jahrgang 1844, Nr. 18): Geburt und Taufe von Friedrich Albert Gustav Bruno Rudolph.

Baldus, Herbert (1954/68): Bibliografia crítica da etnologia brasileira. 2 Bände. São Paulo; Berlin: Comissão do IV Centenario; Reimer.

Bartholomew, Doris A.; Schoenhals, Louise C. (1983): Bilingual dictionaries for indigenous languages. México, D.F: Instituto Lingüístico de Verano.

Bernecker, Walther L.; Pietschmann, Horst; Zoller, Rüdiger (2000): Eine kleine Geschichte Brasiliens. 1. Aufl. Frankfurt am Main: Suhrkamp.

Blecher, Jens; Wiemers, Gerald (Hg.) (2008): Die Matrikel der Universität Leipzig (Band III - Die Jahre 1863 bis 1876). Weimar: Verlag und Datenbank für Geisteswissenschaften.

Bluteau, Padre D. Raphael (1728): Vocabulario portuguez, e latino: aulico, anatomico, architectonico [...] 8 vols. Coimbra: Collegio das Artes da Companhia de Jesu. Online verfügbar unter http://www.brasiliana.usp.br/dicionario/edicao/1, zuletzt geprüft am 07.06.2013.

Bußmann, Hadumod (Hg.) (2002): Lexikon der Sprachwissenschaft. 3. Aufl. Stuttgart: Kröner.

Câmara Júnior, Joaquim Mattoso (1959a): Alguns Radicais Jê. Rio de Janeiro: Museu Nacional.

Câmara Júnior, Joaquim Mattoso (1959b): A Obra lingüística de Curt Nimuendajú. Rio de Janeiro: Museu Nacional.

Câmara Júnior, Joaquim Mattoso (1959c): Classificação da línguas indígenas brasileiras. In: *Revista Letras* (10), S. 56–65.

Câmara Júnior, Joaquim Mattoso (1959d): Do estudo tipológico em listas de vocábulos indígenas brasileiros. In: *Revista de Antropologia* (7), S. 23–30.

Câmara Júnior, Joaquim Mattoso (1965): Introdução às Línguas Indígenas Brasileiras. 2. Aufl. Rio de Janeiro: Livraria Acadêmica.

Cardim, Padre Fernão (1881) [1584]: Indios do Brazil. Do principio e origem dos indios do Brazil e de seus costumes, adoração e ceremoniais. Rio de Janeiro: Typographia da gazeta de notícias.

Cascudo, Luís da Câmara (1977) [1935]: O Príncipe Maximiliano de Wied-Neuwied no Brasil 1815/1817. Rio de Janeiro: Kosmos Editora.

Chagas, Paulo Pinheiro (1978): Teófilo Ottoni. Ministro do povo. 3. Aufl. Belo Horizonte, Brasília: Editora Itatiaia limitada, Instituto nacional do livro (MEC).

Chelliah, Shobhana Lakshmi; Reuse, Willem Joseph de (2011): Handbook of descriptive linguistic fieldwork. Dordrecht, New York: Springer.

Clérot, Léon Francisco; Pires Brandão, Paulo José (Hg.) (1924): Annaes do XX Congresso internacional de americanistas, realizado no Rio de Janeiro, de 20 a 30 de agosto de 1922, vol. 1. Rio de Janeiro: Imprensa Nacional.

Comrie, Bernard; Haspelmath, Martin; Bickel, Balthasar (2008): The Leipzig Glossing Rules. Conventions for interlinear morpheme-by-morpheme glosses. Department of Linguistics of the Max Planck Institute for Evolutionary Anthropology. Online verfügbar unter http://www.eva.mpg.de/lingua/pdf/LGR08.02.05.pdf, zuletzt geprüft am 07.06.2013.

Constenla Umaña, Adolfo (2000): La Restitución. Un Método Lingüístico Reconstructivo Sincrónico. In: *Revista de Filología y Lingüística de la Universidad de Costa Rica* XXVI (2), S. 161–180. Online verfügbar unter http://www.latindex.ucr.ac.cr/filologia-26-2/filologia-26-2-12.pdf, zuletzt geprüft am 07.06.2013.

D'Angelis, Wilmar da Rocha (2006): Aryon das Línguas Rodrigues. In: *Estudos da Língua(gem)* 4 (2). Online verfügbar unter http://www.estudosdalinguagem.org/seer/index.php/estudosdalinguagem/article/view/47/84, zuletzt geprüft am 07.06.2013.

D'Angelis, Wilmar da Rocha; Cunha, Carla Maria; Rodrigues, Aryon Dall'Igna (2002): Bibliografia das Línguas Macro-Jê. Campinas: Editora da Unicamp. Online verfügbar unter http://biblio.wdfiles.com/local--files/dangelis-2002-bibliografia/dangelis_2002_bibliografia.pdf, zuletzt geprüft am 07.06.2013.

Drude, Sebastian (2005): Lingüistas e antropólogos alemães na Amazônia brasileira. In: José Jerônimo de Alencar Alves (Hg.): Múltiplas faces da história das ciências na Amazônia. Belém: EdUFPA, S. 175–196.

Duarte, Regina Horta (Hg.) (2002): Notícia sobre os selvagens do Mucuri. Belo Horizonte: Editora UFMG.

Dürr, Michael; Schlobinski, Peter (2006): Deskriptive Linguistik. Grundlagen und Methoden. 3. Aufl. Göttingen: Vandenhoeck & Ruprecht.

Ehrenreich, Paul (1887): Über die Botocudos der brasilianischen Provinzen Espiritu Santo und Minas Geraes. In: *Zeitschrift für Ethnologie* (19), S. 1–82.

Ehrenreich, Paul (1896): Ein Beitrag zur Charakteristik der botokudischen Sprache. In: Festschrift für Adolf Bastian zu seinem 70. Geburtstage. Berlin: Dietrich Reimer (Ernst Vohsen), S. 607–630.

Emmerich, Charlotte; Monserrat, Ruth (1975): Sobre os Aimorés, Krens e Botocudos. Notas Linguísticas. In: *Boletim do Museu do Índio. Fundação Nacional do Índio. Ministério do Interior* (3), S. 1–45.

Engelberg, Stefan; Lemnitzer, Lothar (2009): Lexikographie und Wörterbuchbenutzung. 4. Aufl. Tübingen: Stauffenburg Verlag.

Eschwege, Wilhelm Ludwig von (1818): Journal von Brasilien oder vermischte Nachrichten aus Brasilien, auf wissenschaftlichen Reisen gesammelt. In: Friedrich Justin Bertuch (Hg.): Neue Bibliothek der wichtigsten Reisebeschreibungen zur Kenntnis der Erd- und Völkerkunde, Bd. 1. Weimar: Verlag des Landes-Industrie-Comptoirs (14), S. 1–242.

Estigarribia, Antonio (1934): Indios do Rio Dôce. In: *Revista do Instituto Historico e Geografico do Espirito Santo* (7), S. 12–52. Online verfügbar unter http://biblio.wdfiles.com/local--files/estigarribia-1934-indios/estigarribia_1934_indios.pdf, zuletzt geprüft am 07.06.2013.

Fabre, Alain (2005): Diccionario etnolingüístico y guía bibliográfica de los pueblos indígenas sudamericanos. BOTOCUDO. Online verfügbar unter http://butler.cc.tut.fi/~fabre/BookInternetVersio/Dic=Botocudo.pdf, zuletzt geprüft am 07.06.2013.

Feldner, Wilhelm Christian Gotthelf von (1828): Reisen durch mehrere Provinzen Brasiliens: aus seinen nachgelassenen Papieren. Zweiter Theil. Liegnitz: In Commission bei G.W. Leonhardt.

Ferreira, Aurélio Buarque de Holanda; Ferreira, Marina Baird; Anjos, Margarida dos (2004): Novo dicionário Aurélio da língua portuguesa. 3. Aufl. Curitiba: Editora Positivo.

Ferreira, Lais Ottoni Barbosa (1998): Os Ottoni: descendentes e colaterais. Rio de Janeiro: Magnum Editora.

Figueira, Luis (1687): Arte de grammatica da lingua brasilica. Lisboa: Miguel Deslandes.

Friedrich-Wilhelms-Universität zu Berlin (Hg.) (1891): Chronik der Königlichen Friedrich-Wilhelms-Universität zu Berlin für das Rechnungsjahr 1890/91. Jahrgang IV. Berlin: Julius Becker.

Gandavo, Pero de Magalhães (1576): Historia da provincia sãcta Cruz. Impresso em Lisboa: na officina de Antonio Gonsalvez.

Gleason, Henry Allan (1961): An introduction to descriptive linguistics. New York: Holt, Rinehart and Winston.

Gonçalves, Vanessa Faria; Parra, Flavia de Carvalho; Gonçalves-Dornelas, Higgor; Rodrigues-Carvalho, Claudia; Silva, Hilton Pereira da; Pena, Sergio Danilo Junho (2010): Recovering mitochondrial DNA lineages of extinct Amerindian nations in extant homopatric Brazilian populations. In: *Investigative Genetics* (1), S. 13. Online verfügbar unter http://www.investigativegenetics.com/content/1/1/13, zuletzt geprüft am 07.06.2013.

Göttling, Karl-Wilhelm (2001) [1821]: Ueber die Sprache der Botocuden. In: Maximilian Prinz zu Wied-Neuwied: Reise nach Brasilien in den Jahren 1815 bis 1817. St. Augustin: Gardez!, Bd. 2, S. 315–318.

Grant, Anthony P. (2010): Swadesh's life and place in linguistics. In: *Diachronica. International Journal for Historical Linguistics* 27 (1), S. 191–196.

Greenberg, Joseph H. (1987): Language in the Americas. Stanford, Calif: Stanford University Press.

Guidon, Niéde (1992): As Ocupações Pré-Históricas do Brasil (Excetuando a Amazônia). In: Manuela Carneiro da Cunha und Francisco M. Salzano (Hg.): História dos índios no Brasil. 2. Aufl. São Paulo, SP: Fundação de Amparo à Pesquisa do Estado de São Paulo; Companhia das Letras; Secretaria Municipal de Cultura, Prefeitura do Município de São Paulo, S. 37–52.

Hager, Hermann (1874): Amtliche Verordnungen und Erlasse. Deutsches Reich. Bekanntmachung, betreffend die im Prüfungsjahre 1872, 73 approbirten Apotheker. In: *Pharmaceutische Centralhalle für Deutschland* XV (18), S. 137–144. Online verfügbar unter http://www.digibib.tu-bs.de/?docid=00037286, zuletzt geprüft am 07.06.2013.

Hanffstengel, Renata von; Tercero Vasconcelos, Cecilia (Hg.) (2003): Eduard y Caecilie Seler, sistematización de los estudios americanistas y sus repercusiones. 1. Aufl. México, D.F: Facultad de Filosofía y Letras.

Hartt, Charles Frederick (1870): On the Botocudos. Geology and Physical Geography of Brazil, Appendix, p. 577-606. Boston: Fields, Osgood, & Co.

Hausmann, Franz Josef (1989): Wörterbuchtypologie. In: Franz Josef Hausmann (Hg.): Wörterbücher. Ein internationales Handbuch zur Lexikographie, 1. Teilband. Berlin, New York: W. de Gruyter (Handbücher zur Sprach- und Kommunikationswissenschaft, Bd. 5.1), S. 968–981.

Hausmann, Franz Josef; Werner, Reinhold Otto (1991): Spezifische Bauteile und Strukturen zweisprachiger Wörterbücher: eine Übersicht. In: Franz Josef Hausmann (Hg.): Handbücher zur Sprach- und Kommunikationswissenschaft, 3. Teilband. Berlin [u.a.]: de Gruyter, S. 2729–2769.

Hemming, John (1978): Red gold. The conquest of the Brazilian Indians. Cambridge, Mass: Harvard University Press.

Hemming, John (1995): Amazon frontier. The defeat of the Brazilian Indians. London: Papermac.

Hestermann, Ferdinand (1911): Rezension von Bruno Rudolph, Wörterbuch der Botokudensprache. Hamburg. Fr. W. Thaden. 1909. VIII + 85 SS. In: *Anthropos* 6 (5), S. 1054. Online verfügbar unter http://www.jstor.org/stable/40443815, zuletzt geprüft am 07.06.2013.

Hodge, Frederick Webb (Hg.) (1915): Proceedings of the Nineteenth International Congress of Americanists. Held at Washington, December 27-31, 1915. Washington: Kraus Reprint Nendeln/Liechtenstein 1968.

Houaiss, Antônio; Villar, Mauro; Franco, Francisco Manoel de Mello (2001): Dicionário Houaiss da língua portuguesa. 1. Aufl. Rio de Janeiro: Editora Objetiva.

Huppertz, Josefine (1954): Textkritische Analyse und Vergleich zwischen schriftlichem Nachlaß und Reisewerk. Anhang: Sprachproben der Botokuden. In: Josef Röder und Hermann Trimborn (Hg.): Maximilian Prinz zu Wied: Unveröffentlichte Bilder und Handschriften zur Völkerkunde Brasiliens. Bonn: Ferd. Dümmlers Verlag, S. 80–108.

Ihering, Hermann von (1911): Os Botocudos do Rio Doce. In: *Revista do Museu Paulista* (8), S. 38–51. Online verfügbar unter http://biblio.etnolinguistica.org/ihering_1911_botocudos, zuletzt geprüft am 07.06.2013.

Instituto Brasileiro de Geografia e Estatística - IBGE (2012): Os indígenas no Censo Demográfico 2010. primeiras considerações com base no quesito cor ou raça. Ministério do Planejamento, Orçamento e Gestão. Rio de Janeiro. Online verfügbar unter http://www.ibge.gov.br/indigenas/indigena_censo2010.pdf, zuletzt geprüft am 07.06.2013.

14

International Phonetic Association (1999): Handbook of the International Phonetic Association. A guide to the use of the International Phonetic Alphabet. Cambridge, U.K, New York, NY: Cambridge University Press.

Internationaler Amerikanisten-Kongress (1906): Vierzehnte Tagung, Stuttgart 1904. Stuttgart: W. Kohlhammer.

Joseph, Brian D.; Janda, Richard D. (Hg.) (2003): The Handbook of Historical Linguistics. Oxford: Blackwell Publishing Ltd.

Kästner, Klaus-Peter (1987): Historisch-ethnographische Klassifikation der Stämme im intertribalen Akkulturationsgebiet des Ucayali-Beckens (Ost-Peru). In: *Ethnographisch-Archäologische Zeitschrift* (4), S. 651–662.

Kästner, Klaus-Peter (1990): Ethnographische Beobachtungen Carl August Schmögers bei den Botokuden des Rio Doce (Ostbrasilien). In: Museen der Stadt Erfurt – Naturkundemuseum (Hg.): Zum Gedenken an Carl August Schmöger (1890 - 1967). Unter Mitarbeit von Gerd-Rainer Riedel. Erfurt: Naturkundemuseum (Veröffentlichungen des Naturkundemuseums, Heft 9), S. 23–35.

Kaufman, Terrence (1994): The native languages of South America. In: C. Mosley und R.E. Asher (Hg.): Atlas of the world's languages. London: Routledge, S. 46-76; 14-25 (maps).

Kopulationsregister der Stadt Grabow (Meckl.), 1877 Nr. 6: Zivilehe von Bruno Rudolph und Bertha Reuter.

Kotte, Karl Friedrich (1855): Brasilien und seine Bedeutung für die deutsche Auswanderung. Mit besonderer Rücksicht auf die Mucury-Colonie in der Provinz Minas Geraës. Leipzig: Voigt & Günther.

Kühn, Peter (1989): Typologie der Wörterbücher nach Benutzungsmöglichkeiten. In: Franz Josef Hausmann (Hg.): Wörterbücher. Ein internationales Handbuch zur Lexikographie, 1. Teilband. Berlin, New York: W. de Gruyter (Handbücher zur Sprach- und Kommunikationswissenschaft, Bd. 5.1), S. 111–127.

Lacerda Filho, João Batista de; Peixoto, José Rodrigues (1876): Contribuições para o estudo anthropológico das raças indígenas do Brazil Archivos do Museu Nacional do Rio de Janeiro (1), S. 47–79. Online verfügbar unter http://www.obrasraras.museunacional.ufrj.br/o/0001/0001.pdf, zuletzt geprüft am 07.06.2013.

Ladefoged, Peter; Maddieson, Ian (1996): The sounds of the world's languages. Oxford, OX, UK, Cambridge, Mass., USA: Blackwell Publishers.

Langfur, Hal (2002): Uncertain Refuge. Frontier Formation and the Origins of the Botocudo War in Late Colonial Brasil. In: *Hispanic American Historical Review* 82:2, S. 215–256. Online verfügbar unter http://www.ifch.unicamp.br/ihb/Textos/LangfurHAHR.pdf, zuletzt geprüft am 07.06.2013.

Langfur, Hal (2006): The forbidden lands. Colonial identity, frontier violence, and the persistence of Brazil's eastern Indians, 1750-1830. Stanford, Calif: Stanford University Press.

Lees, Robert B. (1953): The Basis of Glottochronology. In: *Language* 29 (2), S. 113–127. Online verfügbar unter http://www.jstor.org/stable/410164, zuletzt geprüft am 07.06.2013.

Lepsius, Carl Richard (1855): Das allgemeine linguistische Alphabet. Grundsätze der Übertragung fremder Schriftsysteme und bisher noch ungeschriebener Sprachen in europäische Buchstaben. Berlin: Verlag von Wilhelm Hertz. Online verfügbar unter http://archive.org/details/dasallgemeineli01lepsgoog, zuletzt geprüft am 07.06.2013.

Loukotka, Čestmír (1955): Les Indiens Botocudo et leur langue. In: *Lingua Posnaniensis* 5, S. 112–135. Online verfügbar unter http://biblio.wdfiles.com/local--files/loukotka-1955-botocudo/loukotka_1955_botocudo.pdf, zuletzt geprüft am 07.06.2013.

Loukotka, Čestmír (1968): Classification of south american indian languages. In: Johannes Wilbert (Hg.): Classification of south american indian languages. Los Angeles (Reference Series, vol. 7), S. 25–453.

Machado, Fernando da Matta (2010): Estrada de Ferro Bahia e Minas. Relatórios de Pedro Versiani. Online verfügbar unter http://www.fernandodamattamachado.com.br/files/Download/relatorios.pdf, zuletzt geprüft am 07.06.2013.

Mamiani, Luiz Vincencio (1699): Arte de grammatica da lingua brasilica da nação Kiriri. Lisboa: Miguel Deslandes.

Mamiani, Luiz Vincencio (1942) [1698]: Catecismo da doutrina christãa na lingua brasilica da nação Kiriri. [Lisboa] Edição fac-similar, Rio de Janeiro: Biblioteca Nacional.

Manizer, Henri Henrikhovitch (1915): Materialy po Botokudskomu Jazyku. Unveröffentlichtes Manuskript. Kunstkammer, Sankt Petersburg.

Manizer, Henri Henrikhovitch (1919): Les Botocudos d'après les observations recueillies pendant un séjour chez eux en 1915. In: *Achivos do Museu Nacional do Rio de Janeiro* (22), S. 241–273. Online verfügbar unter http://biblio.wdfiles.com/local--files/manizer-1919-botocudos/manizer_1919_botocudos.pdf, zuletzt geprüft am 07.06.2013.

Marcato, Sonia de Almeida (1979): A repressão contra os Botocudos em Minas Gerais. In: *Boletim do Museu do Índio. Fundação Nacional do Índio. Ministério do Interior* (1), S. 1–60.

Marlière, Guido (1825): Notícias sobre os Botocudos. In: *O Universal*, 17.10.1825 (No. 40), S. 157–160. Online verfügbar unter http://biblio.wdfiles.com/local--files/marliere-1825-noticias/marliere_1825_noticias.pdf, zuletzt geprüft am 07.06.2013.

Marlière, Guido (1904): Lingua Botecuda. In: *Revista do Archivo Publico Mineiro* Anno X - Fasciculos I e II - Janeiro a Junho de 1905, S. 545–549.

Marques Fonseca, Ivan Claret (1986): Nanuque, seu povo, sua história. Brasília: Senado Federal, Centro Gráfico.

Martin, Flávia (2009): Liderança indígena critica métodos convencionais de salvar línguas ameaçadas. Online verfügbar unter http://ailtonkrenak.blogspot.de/2009/07/por-flavia-martin-da-editoria-de.html, zuletzt geprüft am 07.06.2013.

Martius, Carl Friedrich Philipp von (1867): Beiträge zur Ethnographie und Sprachenkunde Amerikas zumal Brasiliens. 2 Bände. Leipzig: Friedrich Fleischer.

Mason, J. Alden (1950): The Languages of South American Indians. In: Julian H. Steward (Hg.): Handbook of South American Indians. Vol. 6: Physical Antropology, Linguistics and Cultural Geography of South American Indians. Washington: Government Printing Office, S. 157–317.

Mattos, Izabel Missagia de (2004): Civilização e revolta. Os Botocudos e a catequese na província de Minas. Bauru, São Paulo: EDUSC; ANPOCS (Ciências sociais).

Mattos, Izabel Missagia de; Resende, Maria Leônia Chaves de (o.J.): Levantamento Bibliográfico. História Indígena e do Indigenismo. Área Etnográfica: MG - ES - Sul da BA. o.O.

Melatti, Julio Cezar (2007): Índios do Brasil. São Paulo: EDUSP.

Melo, Alice; Pelli, Ronaldo (2011): A volta do índio quase alemão. Chega ao Brasil restos mortais do borum Kuêk. In: *Revista de História da Biblioteca Nacional.* Online verfügbar unter http://revistadehistoria.com.br/secao/reportagem/a-volta-do-indio-quase-alemao, zuletzt geprüft am 07.06.2013.

Métraux, Alfred (1946): The Botocudo. In: Julian H. Steward (Hg.): Handbook of South American Indians. Vol. 1: The marginal tribes. Washington: Government Publishing Office, S. 531–540. Online verfügbar unter http://etnolinguistica.wdfiles.com/local--files/hsai%3Avol1p531-540/vol1p531-540_botocudo.pdf, zuletzt geprüft am 07.06.2013.

Monteiro, Claro (1948): Vocabulário Português-Botocudo. Organização, prefácio e notas de Maria de Lourdes de Paula Martins. In: *Boletim do Museu Paulista, Documentação Lingüística* 2 (1), S. 1–53.

Moore, Denny; Galucio, Ana Vilacy; Gabas Júnior, Nilson (2008): O Desafio de Documentar e Preservar as Línguas Amazônicas. In: *(zuerst veröffentlicht in) Scientific American (Brasil)* (3), S. 36–43. Online verfügbar unter http://etnolinguistica.wdfiles.com/local--files/media%3Aset2008/moore_2008_desafio.pdf, zuletzt geprüft am 07.06.2013.

Moore, Denny; Storto Luciana (2002): As Línguas Indígenas e a Pré-História. In: Sérgio D. J. Pena (Hg.): Homo brasilis. Ribeirão Preto: Editora FUNPEC, S. 72–92. Online verfügbar unter http://saturno.museu-goeldi.br/lingmpeg/portal/downloads/publicacoes/as-linguas-indigenas-e-a-pre-historia.pdf, zuletzt geprüft am 07.06.2013.

Moseley, Christopher (Hg.) (2010): Atlas of the world's languages in danger. 3. Aufl. Paris: United Nations Educational, Scientific and Cultural Organization (UNESCO).

Müller, Friedrich (2004) [1888]: Die Sprache der Botocuden (Būrū). In: *Grundriß der Sprachwissenschaft. Band IV. Nachträge aus den Jahren 1877-1887*, S. 198–202.

Neves, Walter Alves; Atui, João Paulo Vezzani (2004): O Mito da homogeneidade biológica da população Paleoíndia de Lagoa Santa. Implicações antropológicas. In: *Revista de Antropologia* (47:1), S. 159–206.

Neves, Walter Alves; Hubbe, Mark (2004): Luzia und die Geschichte der ersten Amerikaner. In: *Abenteuer Archäologie* (1), S. 56–60.

Neves, Walter Alves; Piló, Luís Beethoven (2008): O povo de Luzia – em busca dos primeiros americanos. São Paulo: Editora Globo.

Nimuendajú, Curt Unckel (1939): Vocabulários botocudos: Nakynianuk, Arana, Nakrehé, Nakpie e Minyayirugn. Über die Botocudo. Unveröffentlichtes Manuskript. Rio de Janeiro, Museu Nacional.

Nimuendajú, Curt Unckel (1946): Social organization and beliefs of the Botocudo of eastern Brazil. In: *Southwestern Journal of Anthropology* (2), S. 93–115.

Nimuendajú, Curt Unckel (1981) [1944]: Mapa etno-histórico do Brasil e regiões adjacentes. Adaptado do mapa de Curt Nimuendajú, 1944. Rio de Janeiro: IBGE. Online verfügbar unter http://biblio.etnolinguistica.org/local--files/nimuendaju-1981-mapa/nimuendaju_1981_mapa.jpg, zuletzt geprüft am 07.06.2013.

Nimuendajú, Curt Unckel (2000) [1923-42]: Cartas do Sertão de Curt Nimuendajú para Carlos Estevão de Oliveira. Ed. Thekla Hartmann. Lisboa: Museu Nacional de Etnologia, Assírio & Alvim.

Oiticica, José (1934): Do Método no Estudo das Línguas Sulamericanas. In: Rudolf Grossmann und Gustav Antze (Hg.): Verhandlungen des XXIV. Internationalen Amerikanisten-Kongresses Hamburg. 7. bis 13. September 1930. Hamburg: Friedrichsen, De Gruyter & Co. m. b. H., S. 272–297.

Palazzolo, Frei Jacinto de (1954): Nas Selvas dos Vales do Mucuri e do Rio Doce. Como surgiu a cidade de Itambacuri. 2 Ed. São Paulo: Companhia Editora Nacional.

Paraiso, Maria Hilda Baqueiro (1990): Os Botocudos em Bahia, Minas Gerais e Espírito Santo. In: *Dédalo* 28, S. 63–95.

Paraiso, Maria Hilda Baqueiro (1992): Os Botocudos e sua trajetória histórica. In: Manuela Carneiro da Cunha und Francisco M. Salzano (Hg.): História dos índios no Brasil. 2. Aufl. São Paulo, SP: Fundação de Amparo à Pesquisa do Estado de São Paulo; Companhia das Letras; Secretaria Municipal de Cultura, Prefeitura do Município de São Paulo, S. 413–430.

Paula Martins, Maria de Lourdes de (1958): Vocabulário botocudo de Charles Frederick Hartt. In: *Miscellanea Paul Rivet, octogenário dicata* (2), S. 405–429.

Pelli, Ronaldo (2011): A vida de Quäck. Professor sobre encontro entre índio e príncipe alemão. In: *Revista de História da Biblioteca Nacional*. Online verfügbar unter http://www.revistadehistoria.com.br/secao/entrevista/a-vida-de-quaeck, zuletzt geprüft am 07.06.2013.

Pessoa, Katia Nepomuceno (2012): Análise fonética e fonológica da língua Krenak e abordagem preliminar de contos Botocudo. Campinas: s.n. Online verfügbar unter http://etnolinguistica.wdfiles.com/local--files/tese%3Apessoa-2012/pessoa_2012_borum.pdf, zuletzt geprüft am 07.06.2013.

Pohl, João Emanuel (1951) [1837]: Viagem no interior do Brasil. Rio de Janeiro: Instituto Nacional do Livro.

Prinzessin von Bayern, Therese (1897): Meine Reise in den Brasilianischen Tropen. Berlin: Verlag von Dietrich Reimer (Ernst Vohsen).

Ribeiro, Eduardo Rivail (2006): Macro-Jê. In: Keith Brown (Hg.): Encyclopedia of Language & Linguistics, vol. 7. 2. Aufl. Oxford: Elsevier, S. 422–426.

Ribeiro, Eduardo Rivail (2009): Tapuya connections: language contact in eastern Brazil. In: *LIAMES - Línguas Indígenas Americanas* (9), S. 61–76. Online verfügbar unter http://www.iel.unicamp.br/revista/index.php/liames/article/view/1048/793, zuletzt geprüft am 07.06.2013.

Ribeiro, Eduardo Rivail; van der Voort, Hein (2010): Nimuendajú was right: the inclusion of the Jabutí language family in the Macro-Jê stock. In: *International Journal of American Linguistics* 76 (4), S. 517–570. Online verfügbar unter http://etnolinguistica.wdfiles.com/local--files/artigo%3Aribeiro-voort-2010/ribeiro_voort_2010.pdf, zuletzt geprüft am 07.06.2013.

Ricardo, Beto; Ricardo, Fany (Hg.) (2011): Povos indígenas no Brasil. 2006/2010. São Paulo: Instituto Socioambiental.

Rivet, Paul (1910): Bruno Rudolph. Wörterbuch der Botokudensprache (Vocabulaire de la langue botokudo). In: *Journal de la Société des Américanistes* 7 (1), S. 316.

Rodrigues, Aryon Dall'Igna (1993): Línguas Indígenas: 500 anos de descobertas e perdas. In: *DELTA: Documentação e Estudos em Linguística Teórica e Aplicada* (9, 1), S. 83–103.

Rodrigues, Aryon Dall'Igna (1999): Macro-Jê. In: Robert M. W. Dixon und A. Y. Aikhenvald (Hg.): The Amazonian languages. Cambridge, UK, New York: Cambridge University Press, S. 164–206.

17

Rodrigues, Aryon Dall'Igna (2001): A Originalidade das Línguas Indígenas Brasileiras. Conferência feita na inauguração do Laboratório de Línguas Indígenas do Instituto de Letras da Universidade de Brasília, em 8 de julho de 1999. ComCiência. Revista eletrônica de journalismo científico. Online verfügbar unter http://www.comciencia.br/reportagens/linguagem/ling13.htm, zuletzt aktualisiert am 10.08.2001, zuletzt geprüft am 07.06.2013.

Rodrigues, Aryon Dall'Igna (2002): Línguas brasileiras. Para o conhecimento das línguas indígenas. 4. Aufl. São Paulo: Edições Loyola.

Rothe, Max (1985): Die Deutsche Kolonisation im Raume von Teófilo Otoni im Nordosten von Minas Gerais. In: *Staden-Jahrbuch* 33, S. 85–90.

Rudolph, Bruno (1909): Wörterbuch der Botokudensprache. Bevorwortet, bearbeitet und herausgegeben von Eduard Seler. Hamburg: Fr. W. Thaden. Online verfügbar unter http://biblio.wdfiles.com/local--files/rudolph-1909-worterbuch/rudolph_1909_worterbuch.pdf, zuletzt geprüft am 07.06.2013.

Saint-Hilaire, Auguste de (1830): Voyage dans les provinces de Rio de Janeiro et de Minas Geraes. Tome II. Paris: Grimbert et Dorez, Libraires.

Schlenther, Ursula (1959/60): Zur Geschichte der Völkerkunde an der Berliner Universität von 1810-1945. In: *Wissenschaftliche Zeitschrift der Humboldt-Universität zu Berlin* 9 (Beiheft zum Jubiläumsjahrgang), S. 67–79.

Sebestyén, Éva (1981): H. H. Manizer's Botocudo Folklore Texts. In: *Artes populares: a Folklore Tanszék évkönyve* (vol. 7), S. 140–163.

Seki, Lucy (1984): Problemas no estudo em uma língua em extinção. In: *Boletim da ABRALIN* (6), S. 109–118. Online verfügbar unter http://biblio.wdfiles.com/local--files/seki-1984-problemas/seki_1984_problemas.pdf, zuletzt geprüft am 07.06.2013.

Seki, Lucy (1985): A Note on the Last Botocudo Language. In: *International Journal of American Linguistics* 51 (4), S. 581–583. Online verfügbar unter http://www.jstor.org/stable/1265352, zuletzt geprüft am 07.06.2013.

Seki, Lucy (1999): A lingüística indígena no Brasil. In: *DELTA: Documentação e Estudos em Linguística Teórica e Aplicada* (15), S. 257–290. Online verfügbar unter http://etnolinguistica.wdfiles.com/local--files/artigo%3Aseki-1999/seki_1999.pdf, zuletzt geprüft am 07.06.2013.

Seki, Lucy (2000a): Línguas indígenas do Brasil no limiar do século XXI. In: *Impulso* 12 (27), S. 233–256. Online verfügbar unter http://etnolinguistica.wdfiles.com/local--files/artigo%3Aseki-2000/seki_2000.pdf, zuletzt geprüft am 07.06.2013.

Seki, Lucy (2000b): Gramática do Kamaiurá. Língua Tupi-guarani do Alto Xingu. Campinas, SP, Brasil, São Paulo, SP: Editora da Unicamp; Imprensa Oficial SP.

Seki, Lucy (2000c): Os Krenak (Botocudo Borum) e sua língua. In: Luis Miranda (Hg.): Actas do I congreso de lenguas indígenas de Sudamérica. vol. 1. Lima - Perú: Universidad Ricardo Palma, S. 351–374.

Seki, Lucy (2002): O Krenak (Botocudo/Borum) e as línguas Jê. In: Ludoviko dos Santos und Ismael Pontes (Hg.): Línguas Jê: estudos vários. Londrina: Editora da Universidade Estadual de Londrina, S. 15–40.

Seki, Lucy (2004): Aspectos da morfossintaxe Krenak: orações independentes. In: *LIAMES - Línguas Indígenas Americanas* (4), S. 131–148.

Seki, Lucy (2008): Revisitando os apontamentos para a bibliografia da língua botocudo/borum. In: *LIAMES - Línguas Indígenas Americanas* (8), S. 121–140. Online verfügbar unter http://www.iel.unicamp.br/ojs-234/index.php/liames/article/view/1026/709, zuletzt geprüft am 07.06.2013.

Seler, Eduard (1909): Vorwort des Herausgebers. In: Bruno Rudolph: Wörterbuch der Botokudensprache. Hamburg: Fr. W. Thaden, S. III–V.

Senna, Nelson de (1908): Os índios do Brasil. Memoria ethnographica. In: *Revista do Archivo Publico Mineiro* 13, S. 145–218.

Senna, Nelson de (1924): Toponymia geographica de origem brasilico-indigena em Minas Geraes. In: *Revista do Archivo Publico Mineiro* 20, S. 191–337.

Senna, Nelson de (1928): Toponymia geographica de origem brasilico-indigena em Minas Geraes [continua]. In: *Revista do Archivo Publico Mineiro* (22), S. 105–146.

18

Senna, Nelson de (1937a): Alguns estudos brasileiros. Sobre ethnographia brasileira: principaes povos selvagens que tiveram o seo "habitat" em territorio das Minas Geraes. In: *Revista do Archivo Publico Mineiro* (25), S. 337–355.

Senna, Nelson de (1937b): Alguns estudos brasileiros. Traços de ethnologia brasileira sobre a onomástica indigena. In: *Revista do Archivo Publico Mineiro* (25), S. 327–336.

Silva, Antonio Carlos Simoens da (1924): "A tribo dos indios Crenaks" (botocudos do rio Doce). In: Léon Francisco Clérot und Paulo José Pires Brandão (Hg.): Annaes do XX Congresso internacional de americanistas, realizado no Rio de Janeiro, de 20 a 30 de agosto de 1922, (1). Rio de Janeiro: Imprensa Nacional, S. 65–84.

Silva, Thaïs Cristófaro (1983): Os índios Krenak e a memória lingüística. In: *Boletim da ABRALIN* (4), S. 89–96.

Silva, Thaïs Cristófaro (1986): Descrição fonética e análise de alguns processos fonológicos da língua Krenák. Belo Horizonte: U.F.M.G. - Biblioteca Universitária.

Silva, Thaïs Cristófaro (1987): Um Problema na Análise Fonológica dos Segmentos Vocálicos em Krenak. In: *DELTA: Documentação e Estudos em Linguística Teórica e Aplicada* 3 (2), S. 183–195. Online verfügbar unter http://www.projetoaspa.org/cristofaro/publicacao/pdf/originais/artigos/problema_krenak.pdf, zuletzt geprüft am 07.06.2013.

Silveira, Alvaro Astolpho da (1922): Memórias chronográficas, tomo II. Belo Horizonte: Imprensa Oficial do Estado de Minas Gerais.

Soares, Geralda Chaves (1992): Os Borun do Watu: os índios do Rio Doce. Contagem: CEDEFES/MG.

Southey, Robert (1817): History of Brazil. Vol. 2. London: Longman, Hurst, Rees, and Orme.

Staatsarchiv Hamburg; Band: 373-7 I, VIII A. 1. Band 054 D.; S. 658; Mikrofilmnummer; K 1733. Ursprüngliche Daten: Staatsarchiv Hamburg, Bestand 373-7 I. VIII (Auswanderungsamt I) Mikrofilmrollen K. 1701 - K. 2008, S 17363 - S 17383 13116-13183: Überfahrt von Bertha Rudolph (Hamburg - Rio de Janeiro).

Staatsarchiv Hamburg. Hamburger Passagierlisten, 1850-1934 Band: 373-7 I. VIII A. 3. Band 002; S. 25. Ursprüngliche Daten: Staatsarchiv Hamburg, Bestand 373-7 I. VIII (Auswanderungsamt I) Mikrofilmrollen K. 1701 – K. 2008, S 17363 - S 17383 13116-13183: Überfahrt von Bruno Rudolph (Hamburg - Rio de Janeiro).

Swadesh, Morris (1952): Lexico-Statistic Dating of Prehistoric Ethnic Contacts: With Special Reference to North American Indians and Eskimos. In: *Proceedings of the American Philosophical Society* 96 (4), S. 452–463. Online verfügbar unter http://www.jstor.org/stable/3143802, zuletzt geprüft am 07.06.2013.

Swadesh, Morris (1955): Towards greater accuracy in lexicostatistic dating. In: *International Journal of American Linguistics* 21 (2), S. 121–137. Online verfügbar unter http://www.jstor.org/stable/1263939, zuletzt geprüft am 07.06.2013.

Swadesh, Morris (1959): Linguistics as an Instrument of Prehistory. In: *Southwestern Journal of Anthropology* 15 (1), S. 20–35. Online verfügbar unter http://www.jstor.org/stable/3629001, zuletzt geprüft am 07.06.2013.

Swadesh, Morris (1971): The Origin and Diversification of Language. Edited by Joel Sherzer, Foreword by Dell Hymes. Chicago/New York: Aldine Atherton.

Tadmore, Uri; Haspelmath, Martin; Taylor, Bradley (2010): Borrowability and the notion of basic vocabulary. In: *Diachronica. International Journal for Historical Linguistics* 27 (1), S. 226–246.

Tavares Coelho, Marco Antônio (2009): Genocídio e resgate dos "Botocudo". Entrevista com Ailton Krenak. In: *Estudos Avançados* 23 (65), S. 193–204. Online verfügbar unter http://www.scielo.br/pdf/ea/v23n65/a14v2365.pdf, zuletzt geprüft am 07.06.2013.

Teófilo Otoni (2002) [1859]: Notícia sobre os selvagens do Mucuri em uma carta dirigida pelo sr. Teofilo Benedito Otoni ao sr. Dr. Joaquim Manuel de Macedo. In: Regina Horta Duarte (Hg.): Notícia sobre os selvagens do Mucuri. Belo Horizonte: Editora UFMG, S. 39–95.

Termer, Franz (1949): La importancia de Eduard Seler como investigador e impulsor de las ciencias americanistas. In: *El Mexico Antiguo* VII, S. 11–15.

Tetteroo, Frei Samuel (1922): O Municipio de Theophilo Ottoni. Notas historicas e chorographicas. Bello Horizonte: Imprensa Official de Minas Geraes.

Thiemer-Sachse, Ursula (2001): Seler als Universitätsprofessor. Zum Beginn mexikanistischer Studien an der Berliner Universität. In: Gregor Wolff (Hg.): Die Berliner und Brandenburger Lateinamerikaforschung in Geschichte und Gegenwart. Personen und Institutionen. Berlin: Wissenschaftlicher Verlag Berlin, S. 197–212.

Timmers, Olavo (1969): Theophilo Benedicto Ottoni. Pioneiro do Nordeste Mineiro e Fundador da Cidade de Teófilo Otoni. Lembrança do 100.° aniversário de sua morte. Divinópolis: Gráfica Sto. Antônio.

Timmers, Olavo (1970): Teófilo Otoni. Politiker und Kolonisator, 1807-1869. In: *Staden-Jahrbuch* (18), S. 39–45.

Uhlenbeck, Christianus Cornelius (1910): Rezension des „Wörterbuch der Botokundensprache", von Bruno Rudolph (Hamburg: Fr.W. Thaden, 1909). In: *Internationales Archiv für Ethnographie* (19), S. 172–173.

Urban, Greg (1992): A história da cultura brasileira segundo as línguas nativas. In: Manuela Carneiro da Cunha und Francisco M. Salzano (Hg.): História dos índios no Brasil. 2. Aufl. São Paulo, SP: Fundação de Amparo à Pesquisa do Estado de São Paulo; Companhia das Letras; Secretaria Municipal de Cultura, Prefeitura do Município de São Paulo, S. 87–102.

Urban, Ignaz (1917): Geschichte des Königlichen Botanischen Museums zu Berlin-Dahlem (1815-1913) nebst Aufzählungen seiner Sammlungen. In: *Beihefte zum Botanischen Centralblatt* XXXIV, Erste Abteilung, S. 1–457. Online verfügbar unter http://bibdigital.rjb.csic.es/ing/Libro.php?Libro=3494, zuletzt geprüft am 07.06.2013.

Valle Cabral, Alfredo do (1881): Bibliographia das obras tanto impressas como manuscriptas relativas à Lingua Tupi ou Guarani tambem chamada Lingua Geral do Brasil. In: *Annaes da Bibliotheca Nacional do Rio de Janeiro* (vol. VIII), S. 143–214.

Vasconcelos, Eduardo Alves (2011): Procedimentos para Análise de "Listas de Palavras" de Línguas Indigenas. O Cayapó do Sul. In: *Anais do SETA* (5), S. 252–266. Online verfügbar unter http://www.iel.unicamp.br/revista/index.php/seta/article/view/1936/1509, zuletzt geprüft am 07.06.2013.

Viveiros de Castro, Eduardo Batalha (1986): Mitos indígenas inéditos na obra de Curt Nimuendaju. In: *Revista do Patrimônio Histórico e Artístico Nacional* (21), S. 64–111.

von den Steinen, Karl (1892): Die Bakaïrí-Sprache: Wörterverzeichnis, Sätze, Sagen, Grammatik. Mit Beiträgen zu einer Lautlehre der karaïbischen Grundsprache. Leipzig: K. F. Koehlers Antiquarium.

von den Steinen, Karl (1894): Unter den Naturvölkern Zentral-Brasiliens. Reiseschilderung und Ergebnisse der Zweiten Schingú-Expedition 1887-1888. Berlin: Dietrich Reimer.

Wappäus, Johann Eduard (1871): Handbuch der Geographie und Statistik des Kaiserreichs Brasilien. Leipzig: Verlag der J. C. Hinrichs'schen Buchhandlung.

Welch, Thomas L. (1987): The Indians of South America. A Bibliography. Washington, D.C.: Columbus Memorial Library.

Wied-Neuwied, Maximilian Prinz zu (2001) [1820/21]: Reise nach Brasilien in den Jahren 1815 bis 1817. Band 2. St. Augustin: Gardez! Verlag.

Wiegand, Herbert Ernst (1977): Nachdenken über Wörterbücher: Aktuelle Probleme. In: Günther Drosdowski, Helmut Henne und Herbert Ernst Wiegand (Hg.): Nachdenken über Wörterbücher. Mannheim, Wien, Zürich: Bibliographisches Institut, S. 51–102.

Wiegand, Herbert Ernst (1998): Wörterbuchforschung. Untersuchungen zur Wörterbuchbenutzung, zur Theorie, Geschichte, Kritik und Automatisierung der Lexikographie. Berlin [u.a.]: de Gruyter.

Wiegand, Herbert Ernst (2003): Überlegungen zur Typologie von Wörterbuchartikeln in Printwörterbüchern. Ein Beitrag zur Theorie der Wörterbuchform. In: *Lexicographica* 19, S. 169–313.

Wiggert, Friedrich (1860): Programm des Königlichen Domgymnasiums zu Magdeburg, zu Ostern 1860. Magdeburg: W. Heinrichshofen.

Wright, Robin M.; Carneiro da Cunha, Manuela (1999): Destruction, resistance, and transformation - southern, coastal and northern Brazil (1580-1890). In: Frank Salomon und Stuart B. Schwartz (Hg.): The Cambridge history of the native peoples of the Americas, vol. 3, part 2. Cambridge, England, New York: Cambridge University Press, S. 287–381.

Zwartjes, Otto (2011): Portuguese missionary grammars in Asia, Africa and Brazil, 1550-1800. Amsterdam, Philadelphia: John Benjamins Pub. Co.

BEI GRIN MACHT SICH IHR WISSEN BEZAHLT

- Wir veröffentlichen Ihre Hausarbeit, Bachelor- und Masterarbeit

- Ihr eigenes eBook und Buch - weltweit in allen wichtigen Shops

- Verdienen Sie an jedem Verkauf

Jetzt bei www.GRIN.com hochladen und kostenlos publizieren